INDOCHINE FRANÇAISE

Place de Haiphong

CONFÉRENCE

DE GARNISON

SUR

LES MOYENS DE COMMUNICATION
EMPLOYÉS AU TONKIN
DEPUIS LA CONQUÊTE, LEUR ÉVOLUTION,
LEURS TRANSFORMATIONS ET
L'EXTENSION DE NOTRE VOIE FERRÉE
AU DELÀ DE LA FRONTIÈRE CHINOISE

FAITE PAR LE

CAPITAINE FAUCILLERS

de l'Infanterie Coloniale

Commandant le Dépôt des Isolés d'Haiphong

1923

IMP. CAO-VIÊN & Cⁱᵉ HAIPHONG

CONFÉRENCE

DE GARNISON

sur les moyens de communication
employés au Tonkin
depuis la conquête,
leur évolution, leurs transformations
et l'extension de notre voie ferrée
au delà de la frontière chinoise
faite par le

Capitaine FAUCILLERS

de l'Infanterie Coloniale

(avec l'aide de documents officiels publiés par le Gouvernement Général de l'Indochine et la Compagnie française des Chemins de fer de l'Indochine et du Yunnan)

Messieurs,

La conférence, que je suis appelé à faire aujourd'hui, devant vous, a pour but d'examiner succinctement les moyens de transport en commun employés au Tonkin depuis la conquête, leur évolution, leurs transformations et enfin, l'extension de notre voie ferrée au delà de la frontière chinoise.

I

Ceux d'entre nous, venus dans cette colonie il y a un quart de siècle, ont pu se rendre compte que les voies de communication se réduisaient, à cette époque aux sentiers, à quelques routes mandarines et aux fleuves.

Il y a cependant lieu de noter que le Tonkin possédait à ce moment, un petit Decauville desservant les localités et les postes situés entre Phu-Lang-Thuong et Lang-Son, soit un peu plus de 100 kilomètres.

Cette ligne de chemin de fer à voie étroite, exploitée par la Colonie, avait été construite avec le matériel provenant de l'Exposition Universelle de 1889. Elle rendait évidemment des services, mais il fallait une journée pour effectuer le trajet de Phu-Lang-Thuong à Lang-Son ou inversement, car la nature même du matériel servant à l'exploitation ne permettait pas de faire de la vitesse.

D'autre part, comme la piraterie était encore pratiquée d'une façon à peu près permanente, on était obligé, pour la sécurité des voyageurs et des convois de ravitaillement, de faire escorter chaque train par une section d'infanterie, ce qui compliquait sensiblement le service des troupes stationnées dans les deux centres terminus.

Il existait alors un service fluvial subventionné exploité par la firme " Marty & d'Abbadie " qui possédait un important matériel flottant et assurait les communications entre toutes les localités d'une certaine importance situées sur les voies navigables.

C'était ce service fluvial subventionné qui desservait tout le Tonkin et qui assurait les transports postaux.

Les unités flottantes étaient d'ailleurs fort bien aménagées, divisées en trois classes pour Européens et une 4e classe pour Indigènes, elles étaient éclairées à l'électricité et offraient au voyageur, un confort inconnu sur nos voies ferrées actuelles.

A l'époque dont je viens de parler, il fallait de 14 à 24 heures, pour se rendre de Haiphong à Hanoi, 4 jours, à la bonne saison pour aller de Hanoï à Lao-Kay et 8 jours en mauvaise saison.

Le voyage de Haiphong à Hanoi ou inversement, réservait souvent des surprises désagréables à ceux qui l'effectuaient, car il arrivait assez fréquemment, qu'au passage du Canal des Bambous, la chaloupe s'ensablât et qu'il faille attendre le flux pour la déséchouer. (*Le canal des Bambous est un arroyo navigable qui relie le Fleuve Rouge au Song Thai-Binh et qui permet de desservir par voie fluviale les localités importantes de Phu-Ninh-Giang, grand centre commercial indigène, et Hung-Yên, chef lieu d'une des plus grandes provinces au Tonkin*).

Pour se rendre de Hanoi à Lao-Kay, un autre inconvénient rendait le voyage relativement pénible. On était obligé, lorsque les chaloupes ne pouvaient monter jusqu'à Lao-Kay, de transborder à Yên-Bay sur des jonques aménagées, qui terminaient le voyage en remontant le Fleuve Rouge à la rame.

Si l'on compare les circonstances que je viens de relater aux circonstances actuelles, il est facile de se rendre compte que la voie ferrée a supprimé bien des inconvénients pour les voyageurs obligés de se déplacer à l'intérieur de la Colonie et que, si nous avons perdu, au point de vue confort, avec les nouveaux moyens de communication, nous avons gagné au point de vue de la durée des voyages, ce qui est appréciable.

En effet, nous effectuons maintenant en 3 heures le trajet de Haiphong à Hanoi au lieu de 14 heures au minimum et en 12 heures celui de Hanoi à Lao-Kay pour lequel il fallait compter de 4 à 8 et même 10 jours suivant les saisons.

Depuis 25 ans, le réseau routier s'est aussi considérablement développé, puisqu'il est maintenant possible de se rendre en automobile presque partout où il existe des routes ; routes qui ont remplacé les chemins muletiers d'autrefois, tandis qu'il y a 25 ans, il y avait, si mes souvenirs sont exacts, une seule automobile à Hanoi ; nous sommes loin de cette époque.

II

Depuis 1896, une mission d'études s'était occupée du tracé des lignes ferrées et le Gouverneur Général Doumer, ayant obtenu du Parlement, l'émission d'un emprunt, les travaux furent commencés vers 1899. On construisit la ligne Hanoi — Nam-Dinh — Thanh-Hoa Vinh, et Hanoi fut relié à Phu-Lang-Thuong par une voie de 1 mètre, puis cette voie fut continuée jusqu'à Lang-Son. C'est alors que le Decauville fut enlevé et que le trafic normal commença à fonctionner entre Hanoi et Lang-Son.

Quand je dis que Hanoi était relié à Lang-Son, je commets une légère erreur puisque les trains partaient de Lâm-Gio, situé sur la rive gauche du fleuve Rouge face à Hanoi et avaient cette même localité comme point terminus au retour.

A ce moment, le pont de Hanoi n'était pas terminé et il était impossible aux trains de franchir le Fleuve Rouge.

Les voyageurs étaient donc obligés de passer le Fleuve Rouge au moyen d'une chaloupe pour venir prendre le train à la gare de Lâm-Gio, qui se trouvait tout près de l'endroit où est installé actuellement le débarcadère du bac.

Ce n'est que le 8 Avril 1902 que le premier train officiel d'inauguration de la ligne Hanoi-Haiphong franchit le Fleuve Rouge sur un pont métallique de près de 2 kilomètres de longueur, un des plus beaux ouvrages du genre qui existe, mais dont la construction rencontra de grosses et nombreuses difficultés.

Sans vouloir entrer dans des détails techniques tout à fait en dehors de ma compétence, il m'est permis de citer une des grandes difficultés rencontrées par la maison Daydé et Pillé qui avait l'entreprise.

Il a fallu, parait'il, descendre sous cloches à une profondeur de 33 mètres afin de trouver une couche solide offrant les garanties suffisantes pour supporter les piles du pont. Ce fait nous permet de supposer, que jusqu'à cette profondeur le sol n'était constitué que d'apports alluvionnaires accumulés depuis plusieurs siècles.

Lorsque la ligne de Hanoï à Haiphong fut mise en exploitation, on songea à relier à la ligne principale, une ligne secondaire destinée à desservir les centres riziers de Ké-sat et Phu-ninh-giang. C'est alors que fut construite la ligne de Câm-giang à Phu-ninh-giang. — 46 kilomètres.

L'exploitation de ce réseau secondaire fut confié à une société qui prit le nom de " COMPAGNIE DE TRAMWAYS A VAPEUR SUR ROUTES " et on utilisa pour cette ligne une partie du matériel de la voie de 0ᵐ60 qui provenait de l'ancienne voie étroite de Phu-Lang-Thuong à Lang-Son.

Cette exploitation ne donna pas le rendement qui avait été escompté ; les indigènes, en effet, continuaient à expédier leur riz par voie fluviale en passant par Phu-Ninh-Giang.

Le trafic étant devenu presque nul, l'exploitation fut arrêtée en 1913. On avait envisagé, un moment, la construction d'une voie d'un mètre qui aurait été exploitée par la Compagnie qui assure les relations entre Hanoi et Haiphong, mais ce projet fut vite abandonné, et la voie étroite de la ligne Câm-Giang à Phu-Ninh-Giang, qui était encore en place il y a deux ans a été complètement enlevée l'an dernier.

Pendant que commençait l'exploitation de la ligne Hanoi-Haiphong, les travaux continuaient activement sur la partie Hanoï - Lao-Kay et une première section de cette ligne : Hanoï - Viètri fut ouverte au public en 1903.

La 2ᵉ Section Viètri - Yên-Bay fut ouverte en 1904 et enfin la 3ᵉ Section Yên-Bay-Lao-Kay qui arrivait à la frontière, fut elle-même livrée à l'exploitation en 1906.

III

Nous voici donc arrivés au point terminus de la voie tonkinoise, point de départ du travail gigantesque qui devait mener notre rail jusqu'à la capitale de la province chinoise du Yunnan.

*

*   *

C'est en 1898, qu'eut lieu entre le Gouvernement chinois et notre chargé d'affaires à Pékin, l'accord qui concédait au Gouvernement français le droit de construire un chemin de fer allant de la frontière du Tonkin à Yunnanfou.

Cet accord qui fut conclu les 9 et 10 Avril 1898 stipulait que le Gouvernement chinois n'était tenu à d'autres charges que de fournir le terrain pour la voie et les emprises nécessaires à la construction des dépendances de la voie ferrée, la France restant libre de choisir le tracé qui devrait être accepté par les deux Gouvernements avant le commencement des travaux.

Le Gouvernement français voyait ainsi se réaliser un projet depuis longtemps conçu, de pénétration en Chine.

Le traité du 9 juin 1885 avec le Gouvernement chinois, en mettant fin au conflit créé par l'occupation du Tonkin, prévoyait en un de ses articles, la création de voies de communication au Tonkin et en Chine pour rendre plus fréquentes et plus sûres les relations commerciales entre les deux pays. Cette clause laissant entrevoir de telles perspectives, ne fut d'ailleurs pas étrangère à la ratification du traité par le Parlement français.

Dès 1887, se basant sur les promesses contenues dans le traité de 1885 on élabora en France pour le Tonkin tout un grand programme de travaux et la commission Interministérielle qui siégeait à Paris y incorpora le chemin de fer de la vallée du Fleuve Rouge et son extension vers Yunnanfou.

En 1897 une mission d'études fut envoyée par le gouvernement. Cette mission qui avait pour chef M. Guillemoto Ingénieur en chef des Ponts et Chaussées et M. Leclerc Ingénieur des Mines procéda à une reconnaissance et à une étude géologique et minière de la partie que devait traverser la voie ferrée projetée.

Après la Guerre Sino-Japonaise la Chine avait accordé à diverses puissances étrangères certains privilèges et lorsqu'après l'intervention des puissances pour le règlement de l'affaire de Kiao-Tchéou, la France constata qu'elle n'avait encore tiré aucun bénéfice de son traité de 1885 elle se vit dans l'obligation de s'en prévaloir et de réclamer des compensations au nombre desquelles figurait la concession définitive d'une voie ferrée du Tonkin à Yunnanfou.

Certaines précisions avaient été laissées en suspens, qui sont intervenues depuis, et le 29 octobre 1903 les représentants des deux Gouvernements signèrent à Pékin le règlement relatif à la construction du chemin de fer et à son exploitation. La ligne devait partir de Ho-Kéou passer par ou près de Mongtzé et aboutir à Yunnanfou.

Toutefois le règlement du 29 octobre 1903 stipule dans sa disposition finale que le Gouvernement Chinois pourra, au bout de 80 ans, entamer des négociations avec le Gouvernement Français, pour reprendre la voie et toutes les propriétés s'y rattachant, moyennant le remboursement intégral des frais de construction, de la main-d'œuvre industrielle ainsi que des garanties d'intérêt payées et des dépenses de toute nature imputables au chemin de fer.

Lorsque la concession du chemin de fer à la France, fut devenue définitive c'est à dire en 1898 divers établissements financiers de Paris (*Banque de l'Indochine Comptoir National d'Escompte, Société Générale, Crédit Lyonnais, Crédit Industriel et Commercial, Banque de Paris et des Pays Bas*) auxquels se joignèrent deux grosses maisons françaises de construction, formèrent un consortium en vue de procéder sur place aux études nécessaires et d'établir les bases d'une convention à intervenir avec le Gouvernement Général de l'Indochine pour la rétrocession de la construction et de l'exploitation de la voie ferrée.

Ce consortium envoya une mission d'études au Yunnan en 1899 — et il fut constaté que l'œuvre à entreprendre comportait des difficultés de toutes sortes, insoupçonnées.

Dans ces conditions, l'évaluation du coût d'exécution d'après la mission Guillemoto, qui était de 70 millions de francs, fut reconnue manifestement insuffisante et le consortium paraissait peu disposé à s'engager dans une affaire qui lui apparaissait hérissée d'aléas.

Il fallut toute l'influence et la persuasion de notre Gouverneur Général, pour qu'il se décidât à entreprendre le travail.

Aux termes d'une convention signée le 15 juin 1901, le Gouverneur Général agissant tant au nom du Gouvernement français, qu'au nom de la Colonie, rétrocédait au consortium qui s'engageait, dans un court délai, à se substituer une société anonyme, la concession faite à la France par la Chine, selon la convention des 9 et 10 avril 1898 du chemin de fer de la frontière du Tonkin à Yunnanfou et lui concédait, en outre, pour une durée de 75 ans, l'exploitation de la ligne de Haiphong à Lao-Kay.

La concession de l'exploitation de la ligne de Haiphong à Lao-Kay, constituait pour le consortium une large compensation, puisque la seule charge qui lui était imposée se trouvait limitée au partage des bénéfices avec la Colonie.

Cette section tonkinoise longue de 385 kilomètres, dont le coût était évalué à 50 millions de francs, devait être construite entièrement par la Colonie et remise à la Compagnie concessionnaire, prête à être exploitée et en temps opportun pour lui permettre de l'utiliser pour le transport du personnel et des matériaux nécessaires à la construction de la section Yunnanaise.

De plus, l'évaluation première de 70 millions de francs, reconnue insuffisante, avait été portée à 95 millions plus 6 millions pour constitution d'un premier fonds de roulement.

La tâche la plus lourde et aussi la plus pressante pour la Compagnie concessionnaire était certainement la construction de la ligne du Yunnan.

La Compagnie eut donc recours à deux importantes maisons de construction expertes en la matière, la Régie Générale des Chemins de fer et la Société de Construction des Batignoles, qui avec le concours de plusieurs établissements financiers, formèrent la " Société de Construction de Chemins de Fer Indochinois ". Cette société moyennant le prix forfaitaire de 95 millions de francs, prit à sa charge la construction de la ligne de Ho-Kéou à Yunnanfou.

Un premier tracé, partant de Ho-Kéou, suivait la rive gauche du Fleuve Rouge, puis la rive gauche du Sin Chien, passait par ou près de Mongtzeu, Liganfou, Kouan-Y, Sin-Ning-Tchéou et Yunnanfou.

Mais on fut vite d'accord pour abandonner ce tracé qui offrait de grosses difficultés, notamment dans la vallée du Sin Chien où les déclivités auraient atteint 35 $^m/_m$ par mètre. En outre, ce premier tracé aurait donné un parcours total d'environ 485 kilomètres au lieu de 465 ce qui aurait encore augmenté le coût de la construction de plus de 7 millions.

Il aurait eu, il est vrai, l'avantage de passer par Mongtzeu même, mais Mongtzeu n'étant qu'un point de transit, n'était pas tellement intéressant pour qu'on lui sacrifiât un tracé qui offrait des difficultés moindres, tout au moins théoriquement, car dans la pratique, des difficultés d'un autre ordre ont compliqué singulièrement le travail de construction par la vallée du Nam-Ti.

Avec le tracé adopté, le point de transit a été reporté à Mongtzeu-Piche-Tchai à 17 kilomètres de Mongtzeu-Ville.

Le tracé actuel passant par la vallée du Nam-Ti fut donc retenu définitivement et l'on se mit à l'œuvre.

A vrai dire les difficultés ne furent pas moindres que dans la vallée du Sin Chien, mais on put réduire les déclivités à 25 $^m/_m$ par mètre et augmenter les rayons des courbes ce qui, pour l'exploitation offrait des avantages énormes.

Lorsque l'avancement des travaux arriva à une trentaine de kilomètres dans la vallée du Nam-Ti et que la plateforme eut été attaquée sur tous les points de la ligne, on s'aperçut que le devis primitif était bien au dessous de la réalité. C'est alors que commença pour les constructeurs la série de déboires résultant du prix élevé et de la mauvaise qualité de la main-d'œuvre. Insalubrité meurtrière de la vallée du Nam-Ti. Difficultés de recrutement de main-d'œuvre en raison de la réputation insalubre des chantiers. Insuffisance de justice et de police locales pour assurer la sécurité dans les entreprises. Retard dans l'ouverture du dernier tronçon de la section tonkinoise qui ne permit pas d'amener les matériaux dans les conditions primitivement prévues.

Le recrutement des coolies en particulier qui ne se fit qu'au prix d'énormes sacrifices financiers, se compliqua de la difficulté de les faire parvenir à destination.

C'est surtout sur les chantiers des entreprises travaillant dans la vallée du Nam-Ti que cette difficulté eut sa plus grosse répercussion. De Lao-Kay, on acheminait les coolies par convois de 300 ou 400 sous la conduite d'un convoyeur européen à destination d'une entreprise déterminée qui avait fait une demande de personnel à la direction, mais lorsque cette entreprise était située loin du point de départ du convoi, il fallait traverser tous les chantiers des entreprises précédentes et y faire étape.

Au cours de ces étapes les entrepreneurs chez lesquels passaient les convois offraient des surprimes aux coolies sur les prix de leur contrat et soudoyaient même quelquef is le convoyeur européen pour qu'une partie de son convoi restât sur leurs chantiers et il arrivait ainsi que sur 400 coolies destinés à une entreprise éloignée il en arrivait 50 ou 60.

Les coolies fatigués par la marche pénible dans les chemins de service ne demandaient qu'une chose c'était d'aller le moins loin possible.

Vers la fin de la construction, cependant, la mentalité avait changé car les indigènes avaient fini par savoir que plus les chantiers sur lesquels ils étaient appelés à travailler étaient éloignés, moins la mortalité était importante.

En effet tous ceux qui dépassaient la boucle, c'est-à-dire le kilomètre 111, travaillaient sous un climat beaucoup plus clément que ceux restés dans les entreprises du bas Nam-Ti.

Il y a lieu d'ajouter à toutes les difficultés qui viennent d'être exposées, les troubles qui éclatèrent en 1903 au Yunnan et qui atteignirent les chantiers comportant des travailleurs chinois et enfin ceux causés par les réformistes en 1908.

C'est alors que la Compagnie voyant son entrepreneur, en l'espèce la Société de Construction de Chemins de fer Indochinois, demander la révision du prix forfaitaire de 95 millions, se retourna vers la Colonie en invoquant tous les cas de force majeure cités plus haut, pour obtenir elle-même un avenant à son contrat de concession.

Une commission d'arbitres fut nommée, comprenant divers ingénieurs et hommes de droit et le 13 avril 1908 la sentence arbitrale fut rendue.

Aux termes de cette sentence, la somme totale mise à la disposition de la construction, fut portée à 158.466.888 f. 00 plus une somme à valoir de 7 millions à utiliser dans les 5 ans après la mise en exploitation de la ligne entière, pour travaux de premier établissement non prévus.

Malgré l'augmentation allouée par la sentence arbitrale de 1908, la société de construction estima que les quantités d'ouvrages et les prix unitaires alloués par les arbitres pour l'achèvement de la ligne, étaient inférieurs aux nécessités réelles et décida de se mettre en liquidation amiable le 14 mai 1908.

Un arrangement intervint avec la Compagnie concessionnaire qui, décidée à poursuivre sa tâche jusqu'au bout fut nommée liquidatrice de la société de construction.

Grâce à ce procédé tout à l'honneur du Conseil d'Administration de la Compagnie française des chemins de fer de l'Indochine et du Yunnan et à l'énergique attitude de son Directeur Général M. Getten, Ingénieur en Chef des Ponts & Chaussées, la Compagnie put procéder elle-même à l'achèvement des travaux en utilisant les moyens d'action mis en œuvre par la société de construction et en conservant un personnel et des entrepreneurs expérimentés.

Le total des travailleurs indigènes ayant participé à la construction de la ligne s'élève à 60.700 hommes dont

46.400 Chinois

14.300 Annamites

IV

L'exposé qui précède montre que si le coût de la construction de la ligne a atteint un chiffre hors de proportion avec les prévisions initiales, il est absolument justifié par les difficultés rencontrées et vaincues par l'entreprise, difficultés multiples et d'une nature tellement spéciale que M. Honoré Poulin Ingénieur des Travaux Publics au ministère des Colonies, dans son ouvrage ayant pour titre " l'Outillage économique des Colonies françaises ", n'hésite pas à donner à la ligne du Yunnan le nom de " musée des difficultés que peuvent rencontrer les ingénieurs dans la construction des voies ferrées ",

Il est bon de donner ici quelques chiffres sur les ouvrages d'arts construits.

La section yunnanaise comprend pour 465 kilomètres de voie 3422 viaducs, ponts et acqueducs de toute espèce pour l'écoulement des eaux et le franchissement des ravins importants, ce qui représente plus de 7 ouvrages par kilomètre, et 155 tunnels d'une longueur totale de 17 kilomètres 864 mètres. Sur ces 155 tunnels, 82 sont dans les premiers, 157 kilomètres, c'est à dire dans le premier tiers de la longueur total de la ligne.

Il faut citer d'une façon toute particulière le viaduc métallique de 65 mètres, en arbalétrier, réunissant deux falaises et auquel on accède de chaque côté par un tunnel en courbe.

Ce viaduc, posé à 100 mètres au dessus de la boucle du faux Nam-Ti est d'une impressionnante disposition.

V

L'œuvre menée à bien et la ligne exploitée par une compagnie française n'ont pu qu'affermir notre influence au Yunnan.

En effet, si on admet que la zône d'influence immédiate du Chemin de fer, c'est-à-dire celle qui fournit le trafic local, s'étend en moyenne à deux journées de marche ou 60 kilomètres de chaque côté de la ligne, elle comprend donc pour 465 kilomètres de ligne exploitée une superficie de 55.000 kilomètres carrés soit 1/7 du territoire de la province et environ $\frac{1}{10}$ de la superficie de la France.

Si pour plus de précision, l'on cherche à tenir compte des circonstances locales et des possibilités de transport de certains éléments à grande distance, par caravane, sur le plateau Yunnanais, cette zône peut encore être portée à 60.000 kilomètres carrés.

Le trafic local au Yunnan, n'offre pas de grosses ressources à l'exploitation et ce sont surtout les marchandises d'importation et d'exportation qui alimentent le trafic du Chemin de fer.

Or, pour la province du Yunnan, isolée du reste de la Chine, vivant en somme de sa vie propre et sans capitaux placés à l'extérieur, le commerce d'importation est fonction directe du commerce d'exportation qui dépend exclusivement de la puissance d'achat du pays.

C'est sur la production de l'opium que reposait surtout jusqu'à ces dernières années cette puissance d'achat. L'opium fournissait en effet le plus clair des ressources des particuliers et environ 600.000$00 d'impôts au budget provincial.

L'interdiction de l'opium, survenue depuis l'ouverture de la ligne, a entraîné une dépression économique particulièrement redoutable au Yunnan, dont le Chemin de fer aurait eu fort à souffrir si les hautes autorités n'avaient trouvé un remède en développant les autres richesses du pays.

Les mines Ko-Tieou fort riches en étain ont été reliées à la voie principale par un chemin de fer chinois à voie étroite qui passe par Mongtzeu pour rejoindre la ligne à la station de Piche-Tchai.

D'autre part, suivant les altitudes on rencontre tous les climats.

Dans la partie basse, l'arachide, le coton, la canne à sucre, la banane et en général tous les fruits tropicaux peuvent être cultivés. Le blé, le maïs, les fèves, les pois, le colza, les haricots, les fruits et légumes d'Europe viennent très bien dans les parties hautes c'est ainsi que nous recevons chaque année du Yunnan des poires, pêches, artichauts que nous ne pouvons cultiver au Tonkin.

D'importantes mines de zinc ont pu être mises en exploitation, en raison de tarifs spéciaux appliqués par la compagnie, ce qui permet à l'exportation de ce minerai de valeur relativement modeste de devenir remunératrice pour les producteurs.

Au point de vue importation, il y a lieu de tenir compte de ce que des besoins nouveaux sont nés dans la population chinoise du Yunnan.

De plus en plus, les denrées et les objets de provenance étrangère à la province, entrent dans les habitudes de la population, de plus en plus sont consommés, des produits tels que : lait conservé, biscuits, café, champagne, liqueurs, cigarettes, poisson salé ou fumé. D'autre part, les montres, les pendules, les machines à coudre, la parfumerie, la savonnerie, sont très recherchées. On emploie également pour la construction certains éléments tels que la tôle ondulée, le verre à vitre, le ciment, inconnus dans le pays avant l'arrivée de la locomotive, enfin il y a aussi les machines et l'outillage nécessité par ce développement agricole et industriel de la région.

Les Industries d'Indochine ont pris leur part dans les importations et leur rôle ne peut aller qu'en croissant. Ainsi les sociétés cotonnières du Tonkin qui n'avaient commencé à importer des filés de coton au Yunnan qu'en 1901 avec 16 tonnes ont vu leur importation passer en 1903 à 96 tonnes, en 1908 à 487 tonnes, en 1909 à 894 tonnes, pour atteindre 2000 tonnes en 1914.

La savonnerie de Haiphong à supplanté au Yunnan les marques allemandes et japonaises.

On est donc en droit d'espérer voir les industries indochinoises développer de plus en plus leurs importations vers le Yunnan qui leur offre un débouché considérable.

VI

Après vous avoir dit quelques mots sur la construction de la ligne et sur les probabilités devant résulter de son ouverture il ne me parait pas superflu de vous donner un aperçu de ce qu'elle est pour le voyageur qui effectue le trajet de Hokéou à Yunnanfou.

En quittant Lao-Kay — Hokéou, on entre dans la vallée du Nam-Ti dont l'aspect, jusqu'au kilomètre 74 varie peu avec celui de Yên-Bay à Lao-Kay, au kilomètre 74 on est déjà à 270 mètres d'altitude mais à partir de ce point la ligne s'élève en rampe forcée de 25 $^m/_m$ par mètre sur une longueur de 80 kilomètres, et elle atteint au kilomètre 157, l'altitude de 1750 mètres, près de Tche-Tsouen, après avoir escaladé les flancs escarpés de la sauvage vallée du Nam-Ti, surnommée par les constructeurs, la vallée de la mort, en raison de son climat meurtrier durant la construction.

Dans ce court trajet, on a passé 82 tunnels et des estacades d'acier dont certaines en courbe hautes de 35 mètres, si légères, si grêles, si aériennes, que le voyageur à la portière effectuant le voyage pour la première fois, frissonne de n'apercevoir rien de ce qui soutient son wagon au-dessus de l'abîme.

On a franchi aussi ce pont fameux de 65 mètres qui réunit deux tunnels en courbe dont les entrées béantes se font face à 100 mètres au-dessus du précipice situé entre les deux falaises qu'il raccorde.

Au sortir du long et oppressant couloir du Nam-Ti, le voyageur éprouve une impression de détente et un heureux contraste en débouchant dans la plaine de Tche-Tsouen — Milati, favorisée d'un climat doux et tempéré.

Dans cette région, lorsque la surveillance officielle se relâche, commencent à apparaître les premiers champs de pavots si chers aux fervents de l'opium.

La station de Tche-Tsouen comporte un hôtel assez confortable où le touriste peut s'arrêter, s'il ne veut pas effectuer d'une traite, le trajet Lao-Kay Ami-Tchéou.

Cette étape du voyage permettrait, en outre, aux amateurs de sites pittoresques, de faire deux jolies excursions, l'une à la colline adossée à Tché-Tsouen même, qui figure la déesse bouddhique de la miséricorde, avec 18 pitons calcaires rangés en cercle au bout de la plaine, qui représentent les disciples de Bouddha, en prière autour d'elle.

Le seconde, à la pagode de Min-Kiéou à 20 kilomètres. Cette pagode, avec ses sept étages superposés et ses toits polychromes est un monument grandiose et un sanctuaire vénéré dans la région.

Depuis le kilomètre 157 on a passé le faîte séparatif du bassin du Fleuve Rouge et de la rivière de Canton. Le décor à changé. On aperçoit la riche plaine de Mongtzé dans laquelle le chemin de fer descend légèrement en la contournant, et la station de Mongtzé-Dragon noir est à 5 kilomètres de Mongtzé Ville.

Mongtzé est une sous-préfecture de 15.000 habitants environ, et un important lieu de transit, mais qui présente peu d'intérêt pour le touriste.

Les rizières, le tabac et, dans les parties moins bien irriguées, le maïs, le mil et le millet, sont les principales cultures de la plaine de Mongtzeu.

Ayant traversé l'extrémité Nord-Est de cette plaine, la ligne franchit un faîte secondaire pour redescendre à Ami-Tchéou à la côte 1000. Kilomètre 221.

Ami-Tchéou, est la première étape du voyage de Lao-Kay à Yunnanfou, située sur le Sin-Gan-Ho, affluent du Pa-Ta-Ho, la ville chinoise à 4.000 habitants environ et les services du chemin de fer, de la poste, du télégraphe, constituent une petite agglomération européenne.

La cuvette d'Ami-Tchéou, longue de 20 kilomètres et large de 5 ou 7 suivant les endroits, est très peuplée et couverte de plantations de canne à sucre, de pavots et de rizières.

A la sortie de la plaine, la voie s'engage dans les gorges du Pa-Ta-Ho (l'une des branches de la rivière de Canton) puis dans celle du Ta-Tchen-Ho, qui n'est que le cours supérieur du Pa-Ta-Ho, elle remonte une série de cuvettes

semblablement cultivées, et arrive ainsi à la grande et riche plaine de Y-Léang, au kilomètre 390, c'est à dire à une altitude de 600 mètres supérieure à celle d'Ami-Tchéou.

La plaine d'Y-Léang s'étend sur plus de 40 kilomètres de longueur du Nord au Sud et 15 kilomètres de largeur. Très fertile, admirablement irriguée, elle produit un riz réputé dans la contrée et sa population atteint le chiffre approximatif de 200.000 âmes.

Y-Léang est surtout important comme point de bifurcation des routes qui vont à l'ouest, par Yunnanfou, vers Talifon, la Birmanie et le Thibet, au Nord, par Yang-Lin vers le Se-Tchouen, à l'Est par Lon-Léang et Kin-Tsing-Fou, vers le Kouei-Tchéou.

De ce point, le chemin de fer tourne vers l'ouest, tandis que la rivière tourne à l'est, et il monte avec la rampe forcée de 25 $^m/_m$, comme dans le Nam-Ti, en déroulant toujours sous les yeux du voyageur un magnifique paysage alpestre, jusqu'à la ligne de faite entre le bassin de la rivière de Canton et celui du fleuve Bleu, il atteint le point culminant dé la ligne à l'altitude de 2025 mètres.

A quelques kilomètres au Nord, se trouvent des gisements de houille dont les plus importants sont ceux de Ko-Pao-Tsouen, exploités par des sociétés chinoises qui fournissent maintenant au chemin de fer, comme à la Capitale du Yunnan la plus grosse part du combustible qu'ils consomment.

Le chemin de fer descend alors vers Yunnanfou, à travers de nombreux vergers : la capitale reste longtemps cachée derrière des rideaux d'arbres et ce n'est que quelques kilomètres avant le point terminus, qu'on aperçoit enfin ses tours, ses toits et ses portes.

Yunnanfou est au kilomère 465 et à la côte 1925.

La gare est en bordure d'un petit cours d'eau accessible aux sampans, qui la met en communication avec le port situé sur le lac voisin, dont l'étendue est à peu près celle du lac de Genève.

VII

Nous avons vu que la ligne du Yunnan avait coûté un peu plus de 165 millions soit 356.000 f. par kilomètre, il est donc intéressant maintenant d'examiner rapidement ce qu'a donné son exploitation et comment elle est assurée.

Le personnel, qui assure en même temps l'exploitation de la ligne de Haiphong à Lao-Kay, se compose d'environ 150 agents français et de 3.000 indigènes.

Le matériel roulant se compose de 64 locomotives de 20, 30 et 40 tonnes d'adhérence.

153 voitures à voyageurs à boggies de 15 mètres de longueur et 644 wagons à marchandises dont 75 de 20 tonnes.

Les prix des billets entre Lao-Kay et Yunnanfou sont les suivants 1ère classe 0 $ 065 ; 2e classe 0 $ 045 ; 3e classe 0 $ 025 et 4e classe 0 $ 01. par kilomètre.

Enfin, les quelques chiffres que je vais citer donneront un aperçu des résultats de l'exploitation depuis 1911 première année d'exploitation normale puisque la ligne ne fut ouverte en totalité qu'en avril 1910.

	Recettes	Dépenses
1911 . .	5.019.000 fr	3.611.000 fr
1912 . .	7.529 »	4.294 »
1913 . .	7.816 »	4.408 »
1914 . .	7.640 »	4.409 »
1915 . .	6.843 »	4.888 »
1916 . .	8.697 »	5.509 »
1917 . .	9.911 »	6.345 »
1918 . .	12.012 »	8.102 »
1919 . .	16.861 »	12.257 »
1920 . .	25.057 »	21.362 »
1921 . .	24.130 »	15.880 »

L'année1920 avec des recettes supérieures à 25 millions de francs n'a laissé qu'un bénéfice de 3.695.000 f. alors qu'en 1921 l'année s'est soldée par un bénéfice de 8.250.000 f. pour 24 130.000 f. de recettes.

Cela tient à ce que, jusqu'en Septembre 1920, la Compagnie avait des tarifs applicables en francs, avec obligation d'abaisser les prix en piastres au fur et à mesure que le taux de la piastre montait, c'est, ainsi qu'un voyageur de 1ère classe, par exemple, dont le prix normal du billet est de 5 $ 10 de Haiphong à Hanoi, était arrivé à payer 1 $ 80 pour le même parcours ; les frais généraux de la compagnie n'en couraient pas moins en piastres et l'année 1920 aurait sans doute fait ressortir un déficit, si un avenant à la Convention n'était venu modifier les tarifs qui ont été établis sur la base du taux de 3 f. la piastre.

Cet avenant, comme ceux qui ont modifié les tarifs des voies ferrées en France, recevra son application pendant la période de cinq années, à courir du 1er janvier de l'année qui a suivi la cessation des hostilités.

Il n'est point exagéré de dire que tout français venant au Tonkin, favorisé d'être si près du Yunnan, ne devrait pas quitter la colonie sans avoir fait au moins une fois le voyage de Yunnanfou, dont le parcours présente des sites absolument inconnus ailleurs.

Il est d'ailleurs dommage, que la ligne ne soit pas plus fréquentée par le tourisme, mais cela tient à l'heure actuelle, uniquement aux conditions de change, particulièrement onéreuses, causées par les taux élevés de la piastre, qui font s'abstenir tous ceux qui avant la guerre, n'hésitaient pas à entreprendre de longs voyages autour du monde.

Les autres lignes de Hanoi Lang-Son et extensions et Hanoi — Nam-Dinh — Thanh-Hoa — Vinh, sont exploitées directement par la Colonie.

VIII

Il résulte de l'exposé qui précède, que la construction du chemin de fer qui relie le Tonkin à la capitale du Yunnan, au cours de laquelle les précisions les plus autorisées se sont trouvées démenties, où se sont rencontrées les difficultés les plus variées qu'elles vinssent de la nature ou des hommes, fait le plus grand honneur aux techniciens qui l'ont dirigée, dont la science et la persévérante ténacité ont eu raison de tous les obstacles rencontrés.

C'est en effet grâce à cette élite, qu'il nous a été permis de pousser efficacement notre zône d'influence jusqu'au cœur même de la grande province chinoise, et de voir se réaliser cette grande œuvre, d'une conception et d'une hardiesse éminemment françaises.

Haiphong,   Octobre 1923.

www.ingramcontent.com/pod-product-compliance
Lightning Source LLC
LaVergne TN
LVHW021809060726
842528LV00003B/1237